RED
CANYON

Arches Nationalpark, Utah: Blick vom Delicate Arch Viewpoint auf das Plateau. KLEINES BILD: In den weiten Steppen des Colorado Plateaus weiden Gabelböcke. VORHERIGE SEITE: Auf dem Weg zum Bryce Canyon durchfährt man von Süden her kommend die flammend-roten Felsen des Red Canyons.

DER AMERIKANISCHE SÜDWESTEN

CANYONLAND

MARA K. FUHRMANN

BRUCKMANN

NP = National Park
NM = National Monument
NRA = National Recreation Area
NHS = National Historic Site
UTAH
NEVADA
COLORADO
ARIZONA
NEW MEXICO
CALIFORNIA
Ely
Lund
Connors Pass 2354 m
Wheeler Peak 3982 m
Great Basin NP
Baker
Garrison
Pioche
Panaca
Hiko
Caliente
Oak Springs summit 1899 m
Modena
Newcastle
Enterprise
Cedar City
Delta
Hinckley
Oak City
Holden
Skull Rock Pass 1730 m
Sevier
Fillmore
Meadow
Kanosh
Aurora
Richfield
Sevier
Marysvale
Millford
Minersville
Beaver
Fremont Pass 2036 m
Junction
Circleville
Parowan
Panguitch
Cedar Breaks NM
Kanarraville
Long Valley Junction
Bryce Canyon
Bryce Canyon NP
Bryce
Henrieville
Zion NP
Virgin
Glendale
Leeds
Veyo
Mount Carmel
Springdale
St. George
Washington
Kanab
Fredonia
Pipe Springs NM
Jacob Lake
Marble Canyon
Page
Antelope Pass 1991 m
Ephraim
Manti
Gunnison
Redmond
Salina
Emery
Huntington
Castle Dale
Ferron
Summit 2415 m
Lakeside Resort
Fish Lake
Loa
Torrey
Bicknell
Teasdale
Dixie National Forest
Summit 2804 m
Boulder
Escalante
Capitol Reef NP
Hanksville
Ticaboo
Hite
Muddy
Green
Green River
Crescent Junction
Thompson
Cisco
Arches NP
Moab
La Sal
Canyonlands NP
Monticello
Natural Bridges NM
Glen Canyon NRA
Grand Staircase-Escalante NM
Paria
Lake Powell
Rainbow Bridge NM
Monument Valley
Goulding
Mexican Hat
Bluff
Blanding
San Juan
Hovenweep NM
Grand Junction
Loma
Colorado
Colorado NM
Clifton
Mesa
Whitewater
Orchard City
Redstone
Bowie
Hotchkiss
Black Canyon of the Gunnison NM
Delta
Olathe
Blue Mesa Reservoir
Montrose
Cimmarron
Gateway
Uravan
Naturita
Norwood
Dallas Divide 2734 m
Ridgway
Uncompahgre Peak 4361 m
Ouray
Placerville
Telluride
Lake City
Red Mountain Pass 3358 m
Gypsum Gap 1859 m
Mount Wilson 4342 m
Silverton
Rico
Dove Creek
Pleasant View
Rio Grande Reservoir
Coalbank Pass 3243 m
Vallecito Reservoir
Dolores
Mancos
Hesperus Peak 4033 m
Hermosa
Cortez
Durango
Hesperus
Mesa Verde NP
Redmesa
La Plata
Aztec Ruins NM
Aztec
Navajo Reservoir
Farmington
Shiprock
Fruitland
Bloomfield
Angel Peak NP
Nageezi
Mexican Water
Teec Nos Pos
Rock Point
Round Rock
Red Rock
Lukachukai
Kayenta
Navajo NM
Shonto
Marsh Pass 2057 m
Kaibito
Cow Springs
Tonalea
Navajo Indian Reservation
Tuba City
Moenkopi
Hopi
Pinon
Chinle
Canyon de Chelly NM
Navajo
Sheep Springs
Chaco Culture NP
Tohatchi
Crownpoint
Old Oraibi
Kykotsmovi
Walpi
Polacca
Second Mesa
Keams Canyon
Ganado
Hubbell Trading Post NHS
St Michaels
Window Rock
Gamerco
Gallup
Thoreau
Prewitt
Bluewater
Mount Taylor 3445 m
Grants
Klagetoh
Indian Wells
Lupton
Sanders
Chambers
Ramah
Zuni
El Morro NM
El Malpais NM
Acoma
Fence Lake
Quemado
Petrified Forest NP
Holbrook
Joseph City
Winslow
Snowflake
Concho
St. Johns
Heber
Mesquite
Littlefield
Bunkerville
Virgin Peak 2461 m
Mormon Peak 2259 m
Overton
Echo Bay
LAS VEGAS
Lake Mead
Boulder City
Temple Bar
Pierce Ferry
Grand Canyon NP
Colorado
Supai
North Rim
Grand Canyon Village
Tusayan
Cameron
Gray Mountain
Little Colorado
Fraziers Well
Peach Springs
Grand Canyon Caverns
Valentine
Seligman
Williams
Ash Fork
Parks
Wupatki NM
Humphreys Peak 3862 m
Sunset Crater NM
Leupp
Flagstaff
Walnut Canyon NM
Munds Park
Tuzigoot NM
Clarkdale
Jerome
Sedona
Cottonwood
Lake Montezuma
Rimrock
Montezuma Castle NM
Searchlight
Laughlin
Bullhead City
Kingman
Yucca
Topock
Wikieup
Lake Havasu
Lake Havasu City
N
0
50 km

Inhalt

Im Zion Nationalpark, Utah. Grosses Bild: Sonnenaufgang im Monument Valley Tribal Park.

Unterwegs ins Herz der Steine 6

Im Reich des Coyoten 26

Indian Country 103

Naturschutzgebiete von A bis Z 131

Reisetipps von A bis Z 142

Impressum 144

UNTERWEGS INS HERZ DER STEINE

»Steine sind stumme Lehrer;
sie machen den Beobachter stumm,
und das Beste, was man von ihnen lernt,
ist nicht mitzuteilen.«
JOHANN WOLFGANG VON GOETHE

Für mich haben Steine eine Kraft, die beruhigt. Sie können geduldige Zuhörer sein und auf magisch ergreifende Weise auch Antwort geben. Über zwanzig Reisen, zusammen mehr als ein Jahr, führten mich in die Canyons des Coloradoplateaus. Die Sandsteinformationen, Granite und Gneise dieses Gebietes, das zu den herausragenden Naturwundern der Erde zählt, begeisterten mich nachhaltig, die Begegnungen mit Mensch und Tier blieben mir tief in Erinnerung. Für mich waren und sind es Plätze, wo man mit seiner gerade vorherrschenden Stimmung gefangen genommen wird – ganz gleich, ob man himmelhoch jauchzend am Rand des mächtigen Grand Canyons steht und die Weite in sich aufnimmt oder still und leise im totenstillen Valley of Fire sitzt und darauf wartet, dass die Sonne aufgeht und die traurigen Gedanken mit der Dämmerung verschwinden.

Angesichts der traurigen Geschichte des Landes überkommt einen Melancholie. Die Kultur der Ureinwohner wurde lange Zeit missachtet und erfährt erst in jüngster Zeit eine neue Bedeutung. Immerhin erhielten die Indianer viele Rechte zurück, die ihnen lange abgesprochen wurden. Im Monument Valley begleiten Navajos die zahlreichen Touristen als Führer. Damit schufen sie sich eine neue Lebensgrundlage, eine Abwechslung vom monotonen Alltag im Reservat. Wenn man sich den Indianern öffnet, geben sie einem sogar einen Einblick in ihre kleine noch verbliebene Welt. Und wer könnte uns diese Landschaft besser nahe bringen, als diese Menschen, die mit ihren Familien, den Tieren und Geistern im Valley leben?

Auf meinen ersten Reisen stimmten mich viele Begegnungen mit Indianern sehr nachdenklich. Heute, viele Jahre später, sind diese Menschen dem Fremden gegenüber viel aufgeschlossener. Sie interessieren sich auch für moderne Technik und wissen, dass die Besucher eine wichtige Einnahmequelle sind, die ihnen ein besseres Leben als den vorangegangenen Generation sichert. Diese Offenheit macht neugierig auf ihre Kultur. An Orten wie Mesa Verde, Hoovenweep, Wupatki oder in den vielen kleinen Pit Houses und Kivas neben den Straßen des Coloradoplateaus

Im Antelope Canyon, Arizona, bei Page: Ein Kunstwerk der Natur. RECHTE SEITE: Abendstimmung am Grandview Point mit Blick über den Grand Canyon, Arizona.

Hoovenweep National Monument, Utah: Die Ruinen dieses westlich von Cortez gelegenen Monuments waren vielleicht einmal Observatorien. Rechte Seite: Wenn die Sonne im Monument Valley, Arziona, aufgeht, taucht sie die Felsen der »tanzenden Engel« in goldenes Licht.

lebt sie wieder auf. Viele dieser Stätten sind heute zum Nationalpark, Nationalmonument oder zur Historical Site erhoben worden und stehen unter einem besonderen Schutz.

Ein positiver Nebeneffekt ist es, dass die Amerikaner den Besuchern alles, was sie schützen, auch auf besonders intensive Weise nahezubringen verstehen. So verkaufen sie etwa in ihren Besucherzentren nicht nur Souvenirs unterschiedlichster Art, sondern bieten auch vielfältige Information. Dieses Konzept führt meistens dazu, dass man vor Ort noch mehr erfahren will. Es reicht dann nicht mehr aus, zu Hause den Reiseführer gelesen zu haben oder mit dem Ranger die angebotenen Führungen zu machen.

Der Drang, selbst etwas erleben zu wollen, wird in den Parks auch durchaus gefördert: Es gibt ein breites Wanderwegenetz und Bergsteigerrouten, Camps für mehrtägige Unternehmungen wie Kanufahrten, Pferdetrekks oder Offroadtouren. Das Abenteuerangebot ist reichhaltig und bietet für jeden etwas. Zudem lassen die Annehmlichkeiten von Lodges und Hotels in der Regel kaum Wünsche offen.

Bei meinen vielen Begegnungen und Gesprächen unterwegs merkte ich, dass man als Fotografin die Gabe und Geduld hat, dem Betrachter die Naturschönheiten auf eine ganz persönliche Weise nahezubringen. Auch dann noch an bestimmten Stellen bleiben zu können, wenn geführte Reisende schon längst wieder woanders sein müssen, zwei Stunden länger auf einen Sonnenuntergang oder auf ein Tier warten zu können, einen Regentag abzubummeln, die Route zu ändern, um Neues zu erkunden, oder eine Wandertour einzuschieben, weil man gerade noch eine Erlaubnis dafür bekommen hat – das alles gibt mir die Gelegenheit zu ganz besonderen Fotos. Und mit diesem Buch lade ich Sie dazu ein, mir zu folgen: auf eine Reise ins Herz der Steine.

Mara Fuhrmann

Arches Nationalpark, Utah: Der »Delicate Arch« ist einer von mehr als 200 Felsbögen und -brücken in der Nähe von Moab.

Die wilden Pferde der Prärie, die Mustangs, sind selten geworden. Diese zwei Junghengste spielen miteinander in der Nähe einer Quelle im Gebiet der Lake Mead Recreation Area. Rechte Seite: Die ersten Sonnenstrahlen tauchen die Cliffs und Needles am Farview Point des Bryce Canyons, Utah, in rosafarbenes Licht.

Petrified Forest Nationalpark, Arizona. In der Sektion der Blue Mesa fallen die Hügelketten in eine weite Ebene ab.

Wie von einem Maler in Blautöne eingefärbt, liegt die Abrisskante vor dem Besucher.

Diese und linke Seite: Im Zion Nationalpark, Utah. Auf kargem Sandstein gedeihen Pinien, die im Schutz der mächtigen versteinerten Sanddünen als saftig grüne Farbtupfer ins Auge fallen. Linke Seite: Am Viewpoint Angels Landing.

Der Grand Canyon Nationalpark in Arizona ist zu jeder Jahreszeit ein Erlebnis. Oben links: Blick von den tief verschneiten Lookout Studios im Grand Canyon Village. Oben rechts: Am North Rim, Vista Encantadora. Unten links: Wintersturm über dem Moran Point. Unten rechts: Am Desert View im letzten Licht des Nachmittags. Rechte Seite: Zur blauen Stunde am Grandview Point mit einem weiten Blick über die größte Schlucht der Erde.

Die so genannten Watchman-Felsformationen am Eingang des Zion Nationalparks, Utah.

Vielfältig ist die Tier- und Pflanzenwelt des Coloradoplateaus. Oben links: Rocksquirrel, Bright Angel Trail, Grand Canyon, Arizona. Oben rechts: Sandstein-Erosion im Valley of Fire State Park. Unten links: Short-Crested Spiny-Tailed Iguana, Petrified Forest National Park, Arizona. Unten rechts: Paintbrush in Pinienstamm, Grand Canyon. Linke Seite: Valley of Gods, Arizona. Die Felsenregion des Tals wirkt wie ein vergessenes Kleinod. Staubige Off-Road-Pisten führen durch ein Felsengebiet von besonderer Schönheit.

Lichtspiele im Antelope Canyon, Arizona.

Im Reich des Coyoten

Der Coyote ist auf dem Coloradoplateau allgegenwärtig – als Jäger und Gejagter zugleich. Rechte Seite: Im Temple of Sinawava, Zion National Park, Utah.

Nach einer indianischen Legende sind die Canyonlands im amerikanischen Südwesten auf die folgende Weise entstanden: Vor langer Zeit begegnete der geisterhafte Coyote einem Mann, der schwere Felsbrocken umdrehen konnte, ohne sie zu berühren. »Habe Mitleid mit mir«, jammerte Coyote, »verrate mir dein Geheimnis!« Der Mann erwiderte: »Das will ich tun, aber du darfst die Steine nur viermal bewegen, sonst geschieht ein Unglück!« Coyote war einverstanden. Er bewegte die Felsbrocken, war aber so verwirrt, dass er sich verzählte und die Steine fünfmal bewegte. Ein Grollen ging durch den Canyon. Ein Felsbrocken verfolgte den armen Coyoten und rollte auf seinen Körper. »Hilfe!« schrie Coyote, aber der Mann war längst verschwunden, und seine vierbeinigen Freunde waren zu schwach, um den großen Felsbrocken zu bewegen. Da erschien ein Adler über ihm. »Mein Bruder«, rief Coyote verzweifelt, »dieser Stein hat dich beschimpft. Er hat gesagt, dass du einen großen Kopf und einen krummen Schnabel hast und sehr hässlich bist! Als ich ihn zum Schweigen bringen wollte, ist er auf mich gerollt!« Der Adler wurde wütend. Er stieg hoch in den Himmel und stürzte sich mit aller Kraft auf den Felsbrocken. Sein Schnabel traf ihn genau in der Mitte und zersplitterte ihn. Die Brocken flogen nach allen Seiten und türmten sich zu einem gewaltigen Zauberreich, das an Schönheit kaum zu überbieten war. Bis zum Horizont reichte das Labyrinth von Schluchten und Tälern. Coyote erhob sich und schwor, jeden zu bestrafen, der sein Felsenparadies bedrohte.

Im Zion Canyon hören wir die Geschichte von einem Ranger des National Park Service. Ihm wäre es wohl recht, wenn ein solcher Geist die Natur vor der endgültigen Zerstörung bewahren würde. Als im Jahr 1983 einen riesiger Felsbrocken in den Canyon stürzte, glaubten viele Indianer an eine Rache des Coyoten. Und der Ranger tut nichts, um diese Legende zu zerstören: »Die Canyonlands sind sehr populär. In fast allen Nationalparks haben wir zu viele Besucher. Es wird immer schwerer, die Natur zu schützen. Als der Felsen von den Bergen stürzte, wurde der Autoverkehr über den Scenic Drive eingestellt und durch einen Shuttle Service ersetzt. Wenn wirklich Coyote dahinter steckt, war er schlau. Auch die Regierung wird manchmal nur durch Schaden klug!«

Wir kommen aus Las Vegas, der schrillen Entertainment-Metropole in Nevada, und verlassen die Zivilisation. Die Straße windet sich am Lake Mead vorbei ins Canyonland. Die malerischen Felsentäler des südlichen Utah locken mit einer eindrucksvollen Natur und abgelegenen Pfaden, die sich in einem Paradies aus farbenprächtigem Stein verlieren. Die grellen Neon-Lichter von Vegas verblassen im

Hitzedunst. Auf den Plateaus des Canyon Country hat sich die Welt in vielen tausend Jahren kaum verändert, verharren wir staunend vor dem wahren Antlitz der Erde, sind wir beim Anblick des Zauberreiches von einer tiefen Ehrfurcht ergriffen. Wir genießen den stillen Frieden der scheinbar unantastbaren Natur, voller Ehrfurcht vor einer großartigen Natur, die in ihrer grandiosen Pracht an die ersten Schöpfungstage zu erinnern scheint.

Dieses Gefühl müssen auch die Mormonen empfunden haben, die im Jahr 1858 als erste Weiße im Gebiet des späteren Zion National Park siedelten. Sie gaben der Gegend ihren Namen, weil sie die grünen Täler für den Himmel auf Erden hielten, und verglichen die schroffen Felsengebilde mit den Tempeln, die sie für ihren Gott

bauten: East Temple, West Temple, Great White Throne, Temple of Sinawava. Der Canyon war ein riesiges Gotteshaus für sie und schien dem Schöpfer näher zu sein als ihr Tempel in der Mormonenstadt Salt Lake City. Was sie nicht daran hinderte, das Land mit Farmen zu überziehen und die »Heilige Erde« der Indianer aufzureißen. Erst im Jahr 1919 wurden das Land unter Naturschutz gestellt und der Zion National Park eingeweiht.

Obwohl eine Asphaltstraße durch die Felsen gebaut wurde, ist Zion ein geheimnisvolles Paradies geblieben: vielfältiger als der Grand Canyon und der Bryce Canyon und voller Überraschungen. Die farbigen Sandsteinwände ragen bis zu fünfhundert Meter aus dem zerklüfteten Land, der Virgin River treibt Geröll durch dunkle Canyons, und an den feuchten Hängen wachsen bunte Wildblumen. Schmale Indianerpfade führen an silbernen Wasserfällen und smaragdgrünen Seen vorbei. In den Bergen streunen Biber und Berglöwen. Eidechsen huschen über die Felsen. Schlangen verbergen sich im Schatten des Mesquite. Über dem Fluss hängt der süße Duft der Manzanitas, und morgens leuchten die weißen Blüten der Zion Lilys, die schon mittags ihre Kelche schließen. Wir fahren im Shuttle-Bus über den Scenic Drive, blicken zum Temple of Sinawaya empor und wandern am Ufer des Virgin River entlang. Von der Zion Lodge führt ein Pfad zu den Emerald Pools, umgeben von schattigen Wäldern und rauschenden Wasserfällen. Im Nordwesten des Parks zieht sich eine nur wenig befahrene Straße durch die Kolob Canyons, vorbei an den Hurricane Cliffs, dem Horse Ranch Mountain und orangefarbenen Felsen. Einige Gesteinsschichten sollen über 225 Millionen Jahre alt sein, und noch immer gräbt sich der Virgin River unablässig tiefer zwischen die Felsen. Wir sehen nur eine Momentaufnahme in dem gewaltigen Eops, das die Natur bietet.

Zur Hauptstraße geht es über den Zion-Mt. Carmel Highway, der sich in steilen Haarnadelkurven und durch zwei lange Tunnel durch den Nationalpark windet. Im Sommer kämpfen sich endlose Autoschlangen durch das Nadelör. Die Checkerboard Mesa leuchtet wie ein überdimensionales Schachbrett in der Sonne, in den Bergen öffnet sich der Great Arch of Zion wie das Auge eines erstaunten Gottes. Der Asphalt des Highway 89 hat die Spuren eines prähistorischen Volkes verbrannt, das vor tausend Jahren nach Nordosten zog und im sagenumwobenen Bryce Canyon den Zorn des Großen Geistes zu spüren bekam. Denn auch dort erzählt man eine Legende: Alle Männer des krie-

Auf den steilen Felsenklippen im Zion Nationalpark, Utah, suchen sich Kiefern einen luftigen, kargen Lebensraum.

gerischen Volkes wurden in Felsen verwandelt, weil sie vergessen hatten, den Großen Geist um Gnade zu bitten. Wie stumme Wächter stehen sie heute in der Schlucht, von steilen Canyonwänden umgeben und der sengenden Sonne schutzlos ausgeliefert. »Rote Felsen, die wie Männer in einer schüsselförmigen Schlucht stehen« heißt der Bryce Canyon bei ihren Nachfahren.

Ihr Klagen ist längst verstummt und einer geheimnisvollen Stille gewichen, die mit dem heißen Atem der Geister durch die Felsen zieht. Wir wandern über den Navajo Loop, der vom Sunset Place in die steinerne Schüssel führt und sich zwischen den rotbraunen Orgelpfeifen des Bryce Amphitheater verliert. Die Sonne zerfließt in dem steinernen Labyrinth, schüttet leuchtende Farben über eindrucksvolle Felsformationen wie »Thor's Hammer« und die steinernen Wolkenkratzer der »Wall Street«. Über den »Queen's Garden Trail«, nicht so steil und kurvenreich wie der Navajo Loop, geht es zum Sunrise Point am Canyonrand, vorbei an der versteinerten »Queen Victoria« und von Wind und Wetter geformten Schlössern. Die weißen Siedler waren ehrfürchtiger als die Indianer und geizten nicht mit großar-

Capitol Reef Nationalpark, Utah. Stolz und trutzig begrüßt tief unten im Tal der Castle Rock den Besucher.

tigen Namen. John Wesley Powell erforschte den Canyon um das Jahr 1870. Ebenezer Bryce errichtete eine Ranch und zog nach Süden weiter, weil er in den verwinkelten Schluchten des Bryce Canyon oft wochenlang nach verirrten Rindern suchen musste. Als die Schlucht zum Nationalpark erklärt wurde, erinnerte man sich an seinen Namen.

Der Highway 12 zwischen Bryce Canyon und Capitol Reef National Park galt jahrzehntelang als Geheimnis. Die unscheinbare Straße schien im Nichts zu enden, und die meisten Autofahrer kehrten um und blieben auf den breiten Highways. Der Escalante Canyon blieb unentdeckt. Erst vor einigen Jahren wurde das Gebiet unter Naturschutz gestellt, und der Escalante Canyon rückte in den Prospekten der Reiseveranstalter an prominente Stelle. Lichte Wälder, schroffe Felsen und sprudelnde Wasserfälle säumen die ehemaligen Indianerpfade, von Geisterhand geschlagene Treppen führen in die Felsen, und in einem abgelegenen Canyon liegt versteinertes Holz.

Vor 150 Millionen Jahren, als die Gegend noch von Sümpfen bedeckt war und sogar Palmen und Farne in der feuchten

Moab, Utah, ist ein Städtchen im Herzen des Canyonlands: urwüchsig, mit viel Westerncharme und doch offen für jeden Gast.

Erde wuchsen, wurden die Bäume von mächtigen Flutwellen entwurzelt und tief unter der Erde von der Sauerstoffzufuhr abgeschnitten. Eine Vielzahl von Mineralien vermischte sich mit dem Holz und ließ es steinhart werden.

Am Hole-in-the-Rock bohrten die Siedler um das Jahr 1880 ein Loch in die Felsen, damit sie mit ihren Planwagen weiterkamen. An Seilen ließen sie die Gefährte in den tiefen Canyon hinunter.

Am Fremont River, bei Fruita im Capitol Reef National Park, entstand eine Oase mit blühenden Obstbäumen – ein bunter Flecken inmitten braunroter Felsformationen, die wie mächtige Tempel aus dem Boden ragen und im Sonnenlicht ihre Farbe wechseln: »The Castle«, unerschütterlich wie eine mittelalterliche Festung, der »Temple of the Moon«, beinahe furchteinflößend, der Chimney Rock, tiefrot in der untergehenden Sonne.

»Das Land des schlafenden Regenbogens« hieß Capitol Reef bei den Indianern wegen der bunten Gesteinsschichten. Mit einem Riff sollen ehemalige Seefahrer die Felsen verglichen haben, und weil ein weißer Felsen der Kuppel des Kapitols ähnelt, nannte man die Gegend »Capitol Reef«.

Rund 300 Meter ragen die schillernden Sandsteinwände über dem Fremont River empor: Butch Cassidy und sein legendärer »Wild Bunch« versteckten sich in diesem Felsenlabyrinth vor den Verfolgern. Der legendäre Bandit, der eigentlich Robert LeRoy Parker hieß und einer kinderreichen Mormonenfamilie entstammte, geriet als kleiner Junge in schlechte Gesellschaft und machte sich als Viehdieb und Bankräuber einen Namen. Am liebsten überfiel er Eisenbahnzüge. Zusammen mit Sundance Kid, seinem Partner, zog er sich mit der Beute nach Capitol Reef zurück und entkam dem Sheriff und seinem Aufgebot. Der »Cassidy Arch«, ein Felsenbogen in seinem Versteck, wurde nach ihm benannt. Später flohen Butch Cassidy und Sundance Kid nach Südamerika. Sie wurden angeblich in Bolivien erschossen, wie es in dem berühmten Film mit Paul Newman und Robert Redford gezeigt wird. Robert Redford folgte seinen Spuren über den Outlaw Trail und schrieb dann auch ein Buch über den Fluchtweg der berüchtigten Banditenbande.

Moab ist das kommerzielle Zentrum der Canyonlands. Das Städtchen im südöstlichen Utah wurde zum Ausgangspunkt für Ausflüge in die nahen Arches und Canyonlands National Parks und wimmelt während der Hochsaison von Touristen. Der Arches National Park erstreckt sich keilförmig nach Norden und lockt mit Bögen und Brücken in allen Formen und Farben. Über 2000 steinerne Bögen wurden im Arches National Park gezählt. Der Delicate Arch hat die Höhe eines siebenstöckigen Hauses, der 3600 Tonnen schwere »Balanced Rock« balanciert auf einem schmalen Podest.

Die asphaltierte Straße durch den Park beginnt beim Besucherzentrum, acht Kilometer nordwestlich von Moab, und führt ungefähr zwanzig Kilometer in den Park hinein. Bei den Courthouse Towers, einem der faszinierendsten Aussichtspunkte in diesem Felsenparadies, beginnt die kurze, aber aufregende Wanderung durch die »Park Avenue« – keine Asphaltallee mit lärmenden Autos und verpesteter Luft, sondern ein schmaler Pfad inmitten der Wildnis mit hundert Meter hohen Felswänden, die sich dem blauen Himmel entgegenstrecken.

Die Asphaltstraße führt weiter nach »The Windows«, einer Ansammlung von acht gigantischen Felsbögen, und endet am

ENTRANCE
GOULDING'S
TRADING POST / LODGE
ESTB. 1924 BY HARRY-HIS WIFE 'MIKE' GOULDING
GOULDING'S MUSEUM

WHAT ACTION PICTURE!
STAGECOACH
TREVOR · WAYNE

Zum Monument Valley in Arizona gehört untrennbar die Geschichte der Westernfilme. Kein Name ist mit dieser Landschaft so eng verbunden wie der des legendären John Wayne, der mit einem seiner ersten Filme, »Stagecoach« (1939), das Valley berühmt gemacht hat. Der Familie Gouldings ist es jedoch zu verdanken, dass Hollywood-Regisseur John Ford auf diese gottverlassene Gegend aufmerksam wurde. Mit ihrem Trading Post am Rande des Valleys lockten sie nicht nur die Bewohner der Gegend. Schauspieler und Filmteams genossen die familiäre Atmosphäre bei den Gouldings. Noch heute kann man die alten Räume und John Wayne's Cabin am historischen Ort besichtigen und vom Wilden Westen träumen.

Devil's Garden. Über einen zweieinhalb Kilomter langen Fußweg erreicht man den sagenumwobenen Delicate Arch. Kaum sichtbare Trails führen in die Klondike Bluffs und zum Tower Arch.

Lediglich zwei Stichstraßen führen zu Aussichtspunkten in den riesigen Canyonlands National Park. Im nördlichen »Island of the Sky District« hat man vom Grand View Point Overlook einen atemberaubenden Ausblick auf die Canyons von Green River und Colorado River, und beim Needles Visitor Center führen verzweigte Trails zwischen den rotweißen Felsnadeln der südlichen Canyonlands hindurch.

Die Felswildnis im »Maze District« erreichen nur geübte Wanderer nach einem anstrengenden Marsch über markierte Trails. In den abgelegenen Schluchten fühlt man sich wie ein Pionier, der dieses Gebiet als Erster entdeckt. Erst im Jahr 1964 wurden die Canyonlands als Nationalpark anerkannt.

Über den Highway 163 geht es zum Monument Valley, ins »Land des schlafenden Regenbogens«. Die felsigen Kolosse und steinernen Nadeln erheben sich wie mächtige Monumente in den Himmel. Das ist der amerikanische Westen in Cinemascope. Ein seltsamer Zauber geht von diesen Felsen aus, verbreitet andächtige Ruhe und Frieden wie nirgendwo sonst im Südwesten der USA.

Die Navajos wachen eifersüchtig über ihr Tal. Die einzige Straße, die hineinführt, wird nicht asphaltiert, und Privatfahrzeuge dürfen nur bis zu einem bestimmten Punkt fahren. Die »Segnungen« der Zivilisation würden ihr Monument Valley nur entweihen, und wenn einer Geschäfte damit macht, dann nur sie. Nur mit einem indianischen Führer darf man tiefer in das Tal vordringen.

Die Navajos kamen um das Jahr 1600 und siedelten sich mit ihren Schafherden im Monument Valley an. Und doch waren es zwei Weiße, die diese malerische Kulisse in aller Welt bekannt machten: Harry Goulding und John Ford. Harry Goulding betrieb in den Dreißigerjahren des 20. Jahrhunderts einen »Trading Post« am Rande des Tals. Der Handelsposten existiert heute noch und wurde inzwischen zu einem riesigen Motel ausgebaut. Der Händler liebte »sein« Tal und verstand sich so gut mit den Indianern, dass er beschloss, ihnen während der Depression zu einer neuen Einnahmequelle zu verhelfen. Mit einigen Fotos unter dem Arm machte er sich nach Hollywood auf, um die gewaltige Steinkulisse an den Film zu verkaufen. Tatsächlich überzeugte er einen Regisseur, im Monument Valley einen

Western zu drehen. Der Regisseur hieß John Ford, sein Film lief unter dem Titel »Stagecoach«. Der Western wird heute noch als Meisterwerk gefeiert, machte John Wayne zum Superstar und begründete John Fords Ruf als meisterlicher Regisseur. Das Monument Valley wurde zu *der* Westernlandschaft schlechthin, wie sie kein Drehbuchautor und kein Maler besser ersinnen konnte.

Zurück nach Cameron und zum Grand Canyon, einem der größten Naturwunder der Erde. Dreihundertfünfzig Kilometer lang ziehen sich die Schluchten durch den nordwestlichen Teil von Arizona, zwi-

In drei engen Schleifen windet sich der San Juan River bei Mexican Hat durch das Colorado Plateau.

schen fünfeinhalb und 30 Kilometer klaffen die beiden Ränder auseinander. Dazwischen erheben sich riesige Felsmassive bis zu eineinhalb Kilometer in die Höhe, schillern Brücken, Türme und Pyramiden in den verschiedensten Farben, wetteifern dünne Nadeln und gewaltige Kolosse um die originellste Form.

Vom Lipan Point und bei Desert View haben wir die beste Aussicht. Doch das wahre Erlebnis beginnt erst am Grand Canyon Village, auf einer Wanderung über den Bright Angel Trail. Nur dort entgeht man den Touristenströmen. Über zwei Millionen Besucher strömen jährlich in den Grand Canyon National Park, im Hochsommer stauen sich die Personenwagen und Busse oft kilometerlang.

Über den gewundenen Bright Angel Trail steigen wir bis zum Colorado River hinab. »Überschätzen Sie Ihre Kräfte nicht!« steht auf einem Schild am Anfang des Weges. »Führen Sie immer genug Wasser mit!« Alle paar Tage müssen die Ranger einen unvorsichtigen Wanderer, der von einem Hitzschlag geplagt wird, aus der Schlucht holen. Wir sind vorsichtiger, nehmen uns Zeit für die elf Kilometer bis zum Fluss, denn unterwegs lassen sich die Schönheiten des Canyons am besten bestaunen. Die ungezählten Gesteinsschichten, die ständig wechselnde Flora und Fauna, der Colorado River, der sich wie ein grünes Band durch den Caynon windet. »Ein Marsch durch den Grand Canyon ist wie eine Zeitreise durch die geologische Geschichte der Erde«, erklärt ein Ranger. »Die obersten Gesteinsschichten, die Kaibab- und Totoweap-Formationen, sind über 250 Millionen Jahre alt.«

Die Übernachtung auf der Phantom Ranch ist ein seltenes Erlebnis, das man Monate im Voraus buchen sollte. Inmitten der gewaltigen Schlucht erscheint die Zivilisation weit entfernt, und der Blick auf den nächtlichen Himmel wird zu einem grandiosen Schauspiel. Das Rauschen des Flusses singt uns in den Schlaf und begleitet uns auch am nächsten Tag, als wir zum Nordrand des Canyons hinaufsteigen. Hier sind kaum Touristen, die Natur wirkt noch wild und unerschlossen. Einmal glauben wir, den Schatten eines Coyoten zu sehen, und dabei müssen wir wieder an die indianische Legende denken. Vielleicht streunt das Fabeltier noch immer durch die Felsenlabyrinthe – darauf bedacht, die Ursprünglichkeit der wilden Canyonland-Natur zu schützen.

Versteinerte Sanddünen und Checkerboard Mesa im Zion National Park, Utah. »Mesa« ist der spanische Name für »Tisch« und bezeichnet die tafelbergähnlichen Gesteinsformationen dieser Gegend.

Im Detail zeigt sich die ganze Schönheit des Plateaus. Jeder Park bietet dem Besucher besondere Aus- und Einblicke, wenn er die Natur mit offenen Augen in sich aufnimmt. Linke Seite: Die glatten, steil aufsteigenden Felswände des Zion National Parks gehören zu den beliebtesten Kletterregionen in Utah. Für eine Übernachtung in der Wand muss alles, was man dazu benötigt, am Seil mit nach oben genommen werden.

Im Zion National Park, Utah: Licht und Sonne lassen die Sandsteine in allen Farbnuancen erstrahlen.

Bryce Canyon National Park, Utah: Im letzten Tageslicht fegen Schneewolken über die Needles des Amphitheaters am Inspiration Point

Sculptured Rock im Aqua Canyon, Bryce Canyon National Park, Utah.
LINKS: Zum Indian Summer umspielen die Aspen mit ihrem goldenen Laub die direkt an der Parkroad gelegene Natural Bridge.

Die Pink Cliffs und Needles, die man als Besucher des Bryce Canyons in Utah von allen erreichbaren Aussichtspunkten sehen kann, wirken überall gleich, sind beim genauen Hinschauen aber eine unübersehbare Zahl verschieden geformter, durch unterschiedlich schnelle Verwitterung entstandener Felsformationen (»hoodoos«).

Licht und Jahreszeit verwandeln die Steine in Fabelwesen. Mal scheinen die Felswände zu glühen, mal verstecken sich die vor Kälte erstarrten Gesteinsformationen unter einem weißen Mantel von Frost und Schnee. Die Paiute-Indianer dachten bei diesem Anblick an menschenähnliche, in Stein gefrorene Wesen.

Capitol Reef National Park, Utah: Auf der Scenic Route zur Capital Gorge führt der Weg entlang der Waterpocket Fold – eine Auffaltung der Gebirgskette, die sich über 160 Kilometer in den Süden weiterzieht. Steinbögen und Felsformationen von gewaltigen Ausmaßen begleiten die Fahrt.

Der Park wird durchschnitten vom Fremont River, dessen Lauf die einzige durchführende Straße folgt. Hier im Tal herrscht ein mildes, geschütztes Klima. Die ersten sesshaften Bewohner nutzten die fruchtbaren Schwemmlandgebiete des Flusses und pflanzten Obstbäume an. Das alte Fuita School House, die einzige Schule im Tal, ist heute noch zu sehen.

Vulkanische Tätigkeit hat in vielen Teilen des Coloradoplateaus die Landschaft geprägt. Noch heute bricht zu unregelmäßigen, nicht berechenbaren Zeiten der Crystal Geyser am Green River aus. Seine Ablagerungen haben im Lauf der Zeit das Ufer des Flusses in eine braune Minikraterlandschaft verwandelt.

Arches National Park, Utah: Majestätisch steht der Balanced Rock in der Abendsonne vor den schneebedeckten Gipfeln der La Sal Mountains.

Im Arches National Park, Utah, gibt es über 2000 Felsbögen und -fenster. RECHTE SEITE: Der größte Bogen ist der grazil wirkende Landscape Arch, der sich mehr als 90 Meter zwischen die Felsen spannt.

Im Winter ist ein Besuch des Arches National Parks besonders reizvoll.

Bei Sonnenaufgang streift die Sonne in der Windows Section zuerst den Turret Arch.

Von links nach rechts: Double Arch, Delicate Arch, North Window, Skyline Arch.

Canyonland National Park, Utah: Mesa Arch.

Mit mehr als 1300 Quadratkilometern Fläche gehört der Canyonlands National Park, Utah, zu den größten Nationalparks der USA. Von der Parkroad im Island in the Sky District hat der Besucher endlos weite und tiefe Blicke in die Schluchten der Canyons, die der Colorado und der Green River gegraben haben.

Bäume, Pflanzen, Steine und abgestorbenes Holz verschmelzen mit der Landschaft zu kleinen Kunstwerken der Natur.

Monument Valley Navajo Tribal Park, Arizona/Utah≤. Eine einzige Straße führt kerzengerade von Norden ins Valley, direkt zu den Mesas und Buttes, die von weitem schon den Traum vom einstmals Wilden Westen aufleben lassen.

Monument Valley Tribal Park, Arizona/Utah: Die Nacht geht, der Tag kommt – Lichtspiele am Totem Pole

Sunrise und Sunset sind die Zeiten im Monument Valley, die dem Tal ein geradezu mystisches Gesicht geben. East und Midden Butte, Three Sisters und Totem Pole, Rooster Rock und West Butte erzählen dann ihre Geschichten, und der Wind trägt sie mit den Wolken in die Ferne.

Im Monument Valley gibt es viele heiligen Stätten, die man nur mit einem Indianer betreten darf. Nur er darf in die Tiefe des Valleys hineinfahren, und er entscheidet auch, ob man würdig ist, diese Stätten zu besuchen. Eine davon ist das »Ear of the Wind«: ein durch Erosion entstandenes Fenster, durch das der Wind beständig sein Lied bläst und so den Indianern die Wünsche ihrer Götter mitteilt.

Richard gehört zu den Guides, die Besucher durchs Valley und ins Backcountry führen dürfen. Ihm macht es besondere Freude, wenn man sich für die Kultur seines Volkes interessiert. In einer riesigen Felsenhöhle stimmt er uns mit einem indianischen Gesang auf die kommenden Erlebnisse ein.

Richard führt uns zu den alten Indianerruinen, zeigt uns Felsenzeichnungen seiner Vorfahren und einen alten Hoogan, in dem die Einwohner des Tales früher gewohnt haben.

Antelope Canyon, Arizona. »Regenbogen« heißt eine Felsformation des bei Page gelegenen Canyons, der nur im Mai durch das einfallende Sonnenlicht in den verschiedenen Farben des Sandsteins leuchtet.

Erst wenn man sich an die Dunkelheit des verschlungenen Canyons gewöhnt hat, erkennt man die wilde Schönheit der Felsenwellen. Lichteinfall und Schattenspiele lassen die Steine zum Kunstwerk werden.

Der Lake Powell in Arizona/Utah ist ein von Menschenhand geschaffenes Wasserreservoir und Badeparadies.

Der mächtige Glen Canyon Damm staut den Colorado River zu einem der größten Stauseen Amerikas. Nur die höchsten Felsen schauen noch mit ihrer Spitze aus dem See, ein riesiges Canyonsystem versank in den Fluten des Colorados. Der markanteste Fels kurz hinter der Staumauer, in Sichtweite der Wahweap Bay, ist der Castle Rock.

Bei Hite begrenzen die Bergrücken des Farley Canyons den Lake Powell

Nahe dem oberen Teil des Lake Powell haben sich im White Canyon die versiegten Wasser des Flusses unter Steinbrücken hindurch einst ihren Weg gebahnt. Die Natural Bridges sind geblieben. OBEN: Owachomo Bridge, RECHTS: Kachina Bridge.

Sunset am Grand Canyon, Arizona, Grandview Point.

Grand Canyon Nationalpark, Arizona: Der North Rim des Grand Canyon zeigt ein ganz anderes Gesicht als die Einblicke vom South Rim. Das Grün der Bäume und Pflanzen bedeckt weite Teile des Roten Sandsteins bis hoch zum Rand. Links oben: Mount Hayden vom Point Imperial aus gesehen, rechts oben: Angel Window – ein großer natürlicher Bogen, umrahmt vom Canyon im Hintergrund. links unten: In der Nähe des Cape Royal hat man einen kurzen Blick auf den tief unten fließenden Colorado. rechts unten: Point Sublime.

Blick über den Grand Canyon zum Südrand.

Eine Wanderung in die Schlucht gehört zu den beeindruckendsten Erlebnissen am Grand Canyon. Auf dem Bright Angel Trail erreicht man von der Bright Angel Lodge aus nach 23 Kilometern die Ufer des Colorados. Vom Canyonrand, auf 2500 Meter gelegen, steigt man bis auf 1750 Meter hinab – überwindet also 750 Höhenmeter bei Temperaturunterschieden im Sommer von bis zu 40 Grad Celsius – das ist nur etwas für Wanderer mit guter Kondition. Als Belohnung für eine solche Anstrengung begegnet man dann aber auch in der Inner Gorge einer Vielfalt von Tieren und Pflanzen, die man von oben nicht einmal erahnen kann.

LOOKOUT
STUDIO

Schon immer hat die wilde Schlucht Menschen fasziniert. Eigenbrötler, Handwerker und Künstler haben sich bereits zur Jahrhundertwende am damals gerade erschlossenen Südrand des Grand Canyons niedergelassen und bis heute sein Bild geprägt. Auf einem Felssporn im Grand Canyon Village hat man einen atemberaubenden Ausblick von der Terrasse der Lookout Studios auf den Bright Angel Trail.

Hier wird die Historie heute noch geliebt und gepflegt: in den Kolb Studios (OBEN LINKS/RECHTS) – einst Filmtheater und Fotostudio, inzwischen ein Museum. UNTEN LINKS: die Grand Canyon Railroad. UNTEN RECHTS: Mule Deers sind im Winter oft an den freigelegten Trails zu sehen.

Im Uhrzeigersinn von oben links: **Die Bright Angel Lodge, das Powell Memorial am Westrim, Hermit´s Rest – das letzte historische Gebäude mit einem riesigen offenen Kamin am West Rim – Maultierritt in den Canyon**

Petrified Forest Nationalpark, Arizona: Durchschnitten vom Highway liegt in einer wüstenhaften Ebene der versteinerte Wald. Wind und Wetter haben über Jahrtausende hinweg die einst von Schlamm und Wasser eingeschlossenen Baumstämme frei gefegt.

Ursprünglich in einem prähistorischen Fluss angeschwemmt, an seinen Ufern in großen Logs oder winzig kleinen Stücken versteinert und kristallisiert, sind sie als Nationalpark auch vor übereifrigen Fossiliensammlern geschützt.

Petrified Forest National Park, Arizona: Inzwischen gestützt von einem Fundament, überspannt die Agate Bridge – ein mächtiger versteinerter Stamm – einen kleinen Bach.

Unbeschreiblich schön präsentieren sich die versteinerten und kristallisierten Baumteile im Crystal Forest und in der Blue Mesa zwischen Kakteenblüten oder Schneefeldern.

INDIAN COUNTRY

Wieder entdeckte Indianerkultur: Traditioneller Hogan im Canyon de Chelly National Monument, Arizona. LINKE SEITE: Square Tower House, Mesa Verde Nationalpark, Colorado.

Hoch über den Tälern von Montezuma und Mancos wartet der Coyote auf einem gewaltigen Plateau. Wie ein uneinnehmbares Gebirge ragt es in den Himmel und öffnet den Blick über das weite und endlose Land.

»Verneigt euch vor den Menschen, die in den tiefen Schluchten nach ihrer Zukunft gesucht haben«, warnt unser vierbeiniger Begleiter, als wir über eine steile Asphaltstraße in die Vergangenheit fahren – in das goldene Zeitalter der Anasazi, die in Mesa Verde ihre Felsenhäuser bauten.

Linda Martin arbeitet seit zwanzig Jahren in dem Nationalpark. Als Rangerin verbringt sie viel Zeit in den Felswohnungen mit Besuchern, die sie zu dem Cliff Palace und zum Spruce House führt, aber auch allein, wenn die letzten Menschen den Park verlassen haben und nur noch der Coyote durch die Schluchten geistert.

»Dies ist ein friedlicher Ort«, sagt sie, »das spüre ich, wenn ich abends zum Cliff Palace hinuntersteige. Die Stille ist unheimlich, und dann glaube ich, was die Ute-Indianer über die Schlucht gesagt haben – dass hier immer noch die Geister der Anasazi leben.«

Ob sie jemals den Coyoten gesehen hat? Ist er mit den Geistern der prähistorischen Indianer verwandt?

»Ihren Namen haben die Anasazi von den Navajos bekommen«, erklärt sie, als wir über einen steilen Pfad zu dem Cliff Palace hinunterklettern. »Er bedeutet ›Die Alten‹.« Sie führt uns zu den verschachtelten Felsenhäusern, die im kalten Zwielicht noch geheimnisvoller aussehen, und sagt: »Sie bauten ständig neue Räume dazu, wenn Kinder geboren wurden, aber auch für Vorräte, die sie in den hinteren Häusern verstauten.« Dann deutet sie auf die kreisrunden Räume, die in den Boden vor dem Felspalast eingelassen sind: »Diese Kivas waren Zeremonienräume. Dort beteten sie für eine gute Ernte, und dort wurden Kranke geheilt.«

Wir klettern über eine Leiter in eine Kiva hinab und spüren die stille Ehrfurcht, die einen heiligen Mann der Anasazi in dieser Abgeschiedenheit beseelt haben muss. »Das war ihre Kirche«, sagt Linda bei unserer Rückkehr.

Das goldene Zeitalter der Anasazi begann um das Jahr 1100. Sie verfeinerten ihre Ackerbaumethoden und bewässerten ihre Felder mit verzweigten Kanälen. Auf diese Weise hatten sie mehr Zeit für Handwerk und Kunst. Aus einfachen Häusern wurden mehrstöckige Komplexe, die vor Wind, Regen und Schnee schützten. Warum sie riesige Wohnanlagen wie den Cliff Palace oder das Spruce Tree House bauten, blieb bis heute ungeklärt, und auch die Aussichtstürme in den Cliff Dwellings blieben ein Geheimnis. Denn es ist nicht bekannt, dass die Anasazi durch Feinde bedroht wurden. Sie waren ein friedliebendes Volk, das sich nur um seine eigenen

SILVER SMITHING
CUSTOMMADE ALL FREE HAND

Angelegenheiten kümmerte und keinen Kontakt zu den kriegerischen Nomaden im Norden hatte.

Um das Jahr 1300 endete die Blütezeit der Anasazi, nicht nur im Chaco Canyon, sondern auch in Mesa Verde und in den Cliff Dwellings des heutigen Arizona. Vielleicht brach die Handelsverbindung nach Mexiko ab, vielleicht nahm eine große Trockenheit dem Volk seine Lebensgrundlage: »Niemand weiß es genau«, gesteht Linda Martin nachdenklich. »Wir haben herausgefunden, dass es zwischen den Jahren 1276 und 1299 tatsächlich eine große Trockenheit im Land der Anasazi gegeben hat, aber sie kann nicht der einzige Grund für ihr plötzliches Verschwinden gewesen sein.«

Waren es feindliche Jäger, die aus dem Norden kamen und die friedlichen Ackerbauern von ihren Feldern vertrieben? Ging es den Ansazi zu gut, richteten sie sich selbst zugrunde wie die Römer in Europa? Raffte eine Seuche die Familien dahin? Warum verschwanden die Anasazi in einem Zeitraum von wenigen Jahren aus ihren Felsendörfern, warum flohen sie nach Süden? Der Coyote kennt die Antwort, aber er verrät sie nicht. Das Land, in dem er wohnt, lebt auch von den ungeklärten Geheimnissen seiner Bewohner.

Im frühen 16. Jahrhundert drangen spanische Eroberer hierher vor. Sie suchten die sagenhaften »Sieben Städte von Cibola« mit Häusern aus purem Gold, fanden aber nur die einfachen Behausungen indianischer Ackerbauern. Denn die Nachfahren der Anasazi lebten in festen Häusern aus Adobe-Lehm, die in der Abendsonne golden leuchteten. Obwohl sie in zahlreiche Stämme zerfielen, wurden sie unter dem Sammelnamen »Pueblos« bekannt – ein Erbe der Spanier, die sich an die »pueblos« ihrer Heimat erinnert fühlten.

Linke Seite: Am »Four Corners« State Park zeigen Indianer altes Kunsthandwerk, Sandbilder und Schmuck, die sie vor Ort herstellen und zum Kauf anbieten.

Canyon de Chelly National Monument, Arizona: Spider Rock. Unten: Four Corners.

Die Indianer wehrten sich gegen die bärtigen Eindringlinge. Denn die Schafe und Rinder der spanischen Soldaten fraßen das Gras auf ihren Weiden ab und zerstörten ihre Felder. Von blindem Zorn getrieben, griffen sie die spanischen Conquistadores an und brachten ihnen während der großen Revolte im Jahr 1680 eine empfindliche Niederlage bei, die den spanischen Vorstoß um zwölf Jahre verzögerte. Die Invasion der Weißen war nicht mehr aufzuhalten. Aber der Coyote wachte über seine indianischen Freunde und häufte meterhohe Steine über das Gold, das in den versteckten Schluchten der Canyonlands lag.

Nach den Conquistadores kamen die Missionare. Aber auch diese hatten nur wenig Glück bei den Pueblos, die sich selbst heute noch – trotz einer regelrechten Belagerung durch über zwanzig verschiedene Kirchen und Sekten – erfolgreich gegen eine Christianisierung wehren.

Die Missionskirchen in den Dörfern sind nur scheinbar Monumente eines Sieges, der in Wirklichkeit nie stattgefunden hat: Die meisten Pueblos wurden zwar christlich getauft, nahmen aber nur einzelne Elemente dieses Glaubens an und verehren im Grunde immer noch ihre Geister und Götter.

Im Gegensatz zu den Navajos und den meisten anderen Stämmen haben sie der Zivilisation getrotzt und verharren in einer Zeit, die mehr als hundert Jahre zurückliegt. Sie wollen sich nicht anpassen und bleiben bei den Sitten und Gebräuchen, die schon zur Kultur ihrer Vorfahren gehörten. Natürlich konnten sie sich der weißen Zivilisation nicht ganz verschließen: In den meisten Pueblos wird Spanisch oder Englisch gesprochen, vor den alten Wohnburgen stehen Kleinlastwagen, und die Elektrizität hat Einzug gehalten. Der Tourismus brachte eine gewisse Kommerzialisierung, und viele Indianer arbeiten nicht mehr auf den Feldern, sondern in den Fabriken des Weißen Mannes.

»Aber das sind nur Äußerlichkeiten«, erzählt ein alter Pueblo. »Wir dürfen den Kontakt zur Umwelt nicht verlieren, wir müssen Verbindung mit ihr aufnehmen können. Denn in Geist und Seele werden wir immer Anasazi bleiben!«

Vor den Hopi-Indianern verbeugt sich der Coyote in tiefer Ehrfurcht. Sie leben innerhalb der Navajo Reservation auf drei Tafelbergen und verharren in ihren alten Traditionen. Wie kaum ein anderes indianisches Volk haben sie es verstanden, sich der Zivilisation des Weißen Mannes zu versperren. Natürlich gibt es Fernseher, Kühlschränke und sogar Computer in ihren Häusern: »Es sind die inneren Wer-

te, die in unserem Volk überleben«, erzählt mir ein alter Hopi grinsend, als er mir seinen neuen Kleinlastwagen vorführt. »Ihr habt sie schon vor langer Zeit verloren. Ihr habt kein Verhältnis zur Natur mehr. Die Weißen zerstören ihre Vergangenheit, sie wollen von ihren alten Liedern und Geschichten nichts mehr wissen.« Seine Miene wird ernst. »Eines Tages wird die Welt untergehen, ganz Amerika wird in einem Atomkrieg vernichtet werden. Nur das Land der Hopi wird verschont bleiben. Die Mesas werden der letzte Zufluchtsort für alle Überlebenden sein. So wollen es die Götter, so ist es uns überliefert.«

Das Wort »Hopi« bedeutet »Friedliche Leute«. Sie glauben an eine Natur, in der alle Wesen gleich sind, und leben in der festen Überzeugung, dass man nur durch äußerste Reinheit und im Einklang mit der Natur zum ewigen Frieden und zu einem harmonischen Leben finden kann.

Der Mensch steht zwischen Gut und Böse, weil sich der Legende nach das erhabene Herz des Adlergottes und die böse Seele des Schlangengottes auf der Erde getroffen haben und zu einem Menschen geworden sind. Es liegt an jedem Einzelnen, sich die Gunst der Götter durch religiöse Handlungen zu erwerben – ein Grund für die zahlreichen Zeremonien und Tänze der Hopi.

Gebrauchsgeräte der Anasazi im Anasazi Heritage Center, Dolores.

»Auf den Mesas der Hopi lebst du in der Vergangenheit«, weiß der Coyote, »da haben die Götter noch das Sagen.«

Die Navajos siedelten zwischen dem 13. und 16. Jahrhundert im späteren Arizona. Sie fingen die herrenlosen Pferde der Spanier ein, die nach einem Indianeraufstand in Santa Fe geflohen waren, und wurden zu herumziehenden Räubern, die sich in einem Kleinkrieg gegen die verbliebenen Spanier aufrieben.

Im Jahr 1846 fiel der mexikanische Teil des späteren Arizona an die USA, und die Navajos unterschrieben einen Friedensvertrag, der die amerikanische Armee aber nicht davon abhielt, zwischen den Jahren 1846 und 1849 fünf Strafexpeditionen ins Navajo Country zu schicken.

Die Navajos beugten sich den übermächtigen Amerikanern und griffen erst im Jahr 1860 wieder zu den Waffen, als ein Häuptling ihres Volkes aus dem Hinterhalt erschossen wurde. Es kam zu einem blutigen Krieg, der erst drei Jahre später entschieden wurde, als Colonel »Kit« Carson die Ernten der Indianer vernichten und ihre Pferde und Schafe erschießen ließ. Ohne ihre Lebensgrundlage waren sie chancenlos. Sie wurden nach Fort Defiance getrieben und nach Bosque Redondo gebracht. Der »Marsch der Tränen« begann am 6. März 1864, als die ersten 2400

Wupatki Ruins – hinter dem Besucherzentrum liegen die Ruinen des mehr als hundert Räume umfassenden Wupatki House.

Indianer die lange Reise mit dreißig Wagen und den verbliebenen Schafen und Pferden antraten. Auf den Wagen war nur für die Frauen, Kinder und Kranken Platz, die meisten Navajos mussten den dreihundert Meilen langen Weg zu Fuß zurücklegen. Die Indianer glaubten den Versprechungen der Offiziere und zogen friedlich nach Bosque Redondo, wo angeblich ein Paradies auf sie warten sollte. In Wirklichkeit erwartete sie dort die Hölle auf Erden. Das Land war trocken und unbrauchbar, und sie hatten vom ersten Tag an gegen Krankheiten zu kämpfen. Erst viele Jahre später durften sie in ihre Heimat nach Arizona zurückkehren. Immerhin hatten diese entbehrungsreichen Jahre ihr Durchhaltevermögen gestärkt und ihnen dabei geholfen, ein neues Selbstbewusstsein zu entwickeln, das noch heute zu spüren ist. Die Navajos sind von allen Indianerstämmen am besten organisiert, sie verfügen über eine eigene Zeitung und einen Rundfunksender. Heute leben über 200 000 Navajos im größten Indianer-Reservat der USA.

Die Apachen wehrten sich bis zum Jahr 1886 gegen die weißen Siedler. Als Gold und Silber in den Wüstenbergen gefunden wurde, führten sie einen blutigen Guerilla-Krieg gegen die US-Armee, der schon oft mit dem Desaster in Vietnam verglichen wurde. Auch den Apachen gelang es, die Amerikaner in einem grausamen und gnadenlosen Kleinkrieg aufzureiben. Sie verbündeten sich mit der tödlichen Wüste, tauchten immer dort auf, wo sie am wenigsten vermutet wurden, und gaben sich erst geschlagen, als die Armee indianische Überläufer als Scouts einsetzte. Geronimo, der legendäre Anführer der letzten Apachen, kapitulierte am 4. September 1886, nachdem er 5000 Kavalleristen viele Jahre lang mit nur knapp vierzig Kriegern an der Nase herumgeführt hatte.

In den Canyonlands haben es vor allem die Navajos verstanden, den Weg des weißen Mannes zu gehen, ohne ihre Traditionen zu vergessen. Sie profitieren vom Tourismus, der immer stärker in die früher so unberührten Gegenden drängt. Die Apachen bauten ein großes Hotel und bieten sich als Führer für Jäger und Angler an. Andere Indianer errichteten Spielcasinos und ziehen weißen Touristen das Geld aus der Tasche.

Die Zukunft ist dennoch ungewiss. Noch immer leben die Indianer in einem Niemandsland zwischen zwei Welten, und nicht einmal der Coyote weiß, ob es eine Zukunft für sie gibt: »Der Große Geist geht seltsame Wege.«

Im Mesa Verde National Park, Colorado: Unter einem Felsvorsprung liegt das Spruce Tree House – eines der wenigen Cliff Dwellings im Nationalpark, die man mit einem Ranger besichtigen kann.

Die Vielfältigkeit der Bau- und Handwerkskunst der verschiedenen Epochen der Indianerkultur entdeckt man entlang der Parkroads, die den Mesa Verde National Park in Colorado durchziehen.

Die Cliff Dwellings in den verschiedenen Canyons des Parks sind zu magischen Anziehungspunkten einer vergangenen Kultur geworden: Mehr als 700 Jahre lang lebten hier die Anasazi, die in Höhlen und Vorsprüngen großartige Wohnkomplexe errichteten.

Canyon de Chelly National Monument, Arizona: Blick auf den Talboden des Canyons, wo noch heute ...

... die hier ansässigen Indianer Ackerbau und Weidewirtschaft betreiben.

Harte Winter und trockene Sommer prägen das Landschaftsbild des Canyon de Chelly National Monuments in Arizona.
Rechte Seite: White Ruins ist das schönste Cliff Dwelling des heiligen Canyons der Navayo.

Kurz vor Sonnenaufgang wirken die Ruinen des Hovenweep National Monuments in Utah fast mystisch. Weit abseits der heutigen Zivilisation thronen in einem Seitental des Hovenweep Canyons die Reste einstiger Indianerwohnungen wie vergessene Wächter am Rande der Schlucht.

Geheimnisvoll in der Landschaft liegend: die Orte der First Mesa im Hopi Reservat in Arizona.

PLEASE DO NOT GO
BEYOND THIS SIGN

Vor der schneebedeckten Kulisse der Blue Mountains liegen die Reste von Edge of the Cedars. Kostbarkeiten der hier einst lebenden Indianer präsentieren sich gleich nebenan im Discovery Room des State Park Museums am Rand von Blanding, Utah.

Der Sunset-Krater ist ein Überrest des jüngsten Vulkans südlich vom Grand Canyon. Lavaströme und Vulkanasche prägen Landschaft und Vegetation nördlich von Flagstaff, Arizona, am Highway 89. Die Vorteile der fruchtbaren Erde sollen schon von den einst hier siedelnden Hohokam, Sinagua und Anasazi genutzt worden sein.

Der letzte Ausbruch des Kraters spie rotes, oxydiertes Eisen und Schwefelschlacke um den Gipfel, die dem Vulkan einen bleibenden »Sonnenuntergang-Effekt« verleihen.

Die Überreste der verschiedenen Ansiedlungen im Wupatki National Monument, Arizona, überraschen durch die Harmonie von Natur und hinzugefügtem Baumaterial. Farben und Formen wurden dem Felsen und den darauf gebauten Behausungen angepasst.

Oft umschlossen mehr als hundert Räume einen einzigen Wohnbereich. Mehrere Stockwerke waren übereinander und miteinander verschachtelt. Kivas – kreisrunde Steinhöhlen –, und Versammlungsräume errichteten die Bewohner in unmittelbarer Nähe

Nur über steil hinabführende Wanderwege erreichbar, liegen verwunschen in kleinsten Felsnischen die Cliff Dwellings des Walnut Canyon National Monuments, Arizona, in einem Felsensporn, um den herum sich in schwindelerregender Tiefe der kleine Walnut Creek windet.

Über den Island Trail erkundet der Besucher die im Felsen versteckten und direkt am Weg liegenden Ansiedlungen.

Naturschutzgebiete von A bis Z

Antelope Canyon

Das magische Felsenlabyrinth, ungefähr drei Meilen von Page entfernt, verzaubert beim Licht der einfallenden Sonnenstrahlen – eine große Herausforderung für Naturfotografen aus aller Welt.

Arches National Park

Gesteinsbögen, die in einem Zeitraum von 150 Millionen Jahren von Wind und Wetter aus dem Fels gewaschen wurden, stehen seit dem Jahr 1929 unter dem Schutz der Regierung. Seit dem Jahr 1971 gehören sie zum Arches National Park in der Nähe von Moab, Utah. Der Arches Scenic Drive verläuft an den eindrucksvollsten Aussichtspunkten des Parks entlang. Interessante Spaziergänge führen durch die Park Avenue, eine von steilen Felswänden gesäumte Allee, und zum Balanced Rock, einem 3500 Tonnen schweren Felsbrocken, der auf einem schmalen Steinsockel balanciert. Weitere Attraktionen sind der Delicate Arch, der über einen drei Kilometer langen Wan-

derweg zu erreichen ist und die Höhe eines siebenstöckigen Hauses erreicht, und der Landscape Arch, der mit seinen neunzig Metern Länge sogar im Buch der Rekorde steht. Im Devil's Garden erheben sich über sechzig steinerne Bögen, ein kurzer Trail beginnt am Double O Arch.

Bryce Canyon National Park

Wie Orgelpfeifen erheben sich die roten Felstürme des Bryce Canyon aus dem felsigen Boden. Die farbenprächtigen Kalksteinformationen, von Wind und Wetter in Jahrmillionen geschaffen, tragen so fantasievolle Namen wie Thor's Hammer, Queen's Castle, Gulliver's Castle, Hindu Temples und Wall Street. Nirgendwo sonst, nicht einmal im Grand Canyon, war die Natur so launisch wie hier. Seit dem Jahr 1924 ist der Bryce Canyon ein Nationalpark. Eine Asphaltstraße führt zu Aussichtspunkten wie Sunset Point und Rainbow Point, wesentlich interessanter ist eine Wanderung über den Under-the-Rim-Trail, der unterhalb des Canyonrandes entlangführt.

Canyon de Chelly National Monument

Am Flussufer und in den grünen Oasen dieser langgestreckten Schlucht leben viele Navajo-Familien. Die White House Ruins und prähistorische Wandzeichnungen berichten von Indianern, die im 12. Jahrhundert dort siedelten.

Canyonlands National Park

Die Canyonlands im südlichen Utah gehören zu den aufregendsten Landschaften der Erde. Das Gebiet, das in der ersten Hälfte des 20. Jahrhunderts nur Indianern und geübten Reitern zugänglich war, wurde im Jahr 1964 zum Nationalpark erklärt und gilt seitdem als Paradies für unternehmungslustige Wanderer. Zahlreiche Trails führen in die tiefen Schluchten und versteckten Täler und erschließen eine märchenhafte Welt aus buntem Stein. Wie ein grünes Band zieht sich der Green River durch die Felsengebilde. Nur auf einer mehrtägigen Wanderung lernt man die ganze Schönheit dieses Parks kennen, nur im Hinterland entfaltet

das Paradies seine volle Pracht. Autofahrer müssen sich mit zwei Stichstraßen zum Grandview Point Overlook und zum Needles Visitor Center begnügen. Für Wanderer reserviert bleibt der Maze District im abgelegenen Hinterland des Parks.

Capitol Reef National Park

Das Capitol Reef, ein Segment der über hundert Meilen langen Waterpocket Fold, einer riesigen Erdfalte, ragt über dem Fremont River empor. Das Sandsteinriff war vor etwa 250 Millionen Jahren von einem gewaltigen Ozean bedeckt, der sich tief in die Felsen grub und ein farbenreiches Steinparadies formte. Im Jahr 1971 wurde Capitol Reef zu einem Nationalpark erklärt. Ein asphaltierter Scenic Drive führt zum Capitol Dome, einem gewaltigen Felsen, und zur Capitol Gorge, einer tiefen Schlucht mit bizarren Steinformationen. Zahlreiche Wanderwege führen in das Hinterland der verzweigten Felsenlandschaft, die Trails sind nach Gewittern oft überschwemmt und sollten nur nach Rücksprache mit einem Ranger benutzt werden.

Edge of the Cedars

Auf einem Bergkamm gelegene Felsenhäuser der Anasazi, die zwischen den Jahren 750 und 1220 n. Chr. in dieser Gegend lebten. Nur eines der Häuser wurde bisher ausgegraben.

Glen Canyon National Recreational Area

Herzstück dieses Naturschutzgebietes ist der Lake Powell, ein gewaltiger Stausee an der Grenze zwischen Arizona und Utah. Die Schluchten wurden im Jahr 1963 geflutet. Seine Küste ist – dank der vielen Windungen – länger als die gesamte Westküste der USA.

Goosenecks State Reserve

Nördlich von Mexican Hat liegen die Goosenecks. Wie ein Gänsehals windet sich der San Juan River in zahlreichen Serpentinen durch das tiefe Felsental. Sechs Meilen muss er zurücklegen, um 1,5 Meilen weiter sein Felsengefängnis verlassen zu können. Ein Naturschauspiel der besonderen Art!

Grand Canyon National Park

»Beeinträchtigt diese großartige Schönheit nicht!« sagte der amerikanische Präsident Theodore Roosevelt schon im Jahr 1903. »Dies ist ein Anblick, den alle Amerikaner genießen sollten!« Seit dem Jahr 1919 ist der Grand Canyon ein Nationalpark. Die gewaltige Schlucht des Colorado River ist ein Naturwunder von geradezu überwältigender Schönheit, klafft über einen Kilometer tief in die rotbraunen Felswildnis des Colorado Plateaus. Die Gesteinsschichten sind bis zu 250 Millionen Jahre alt. Touristisches Zentrum ist der südliche Rand, der South Rim, mit zahlreichen Hotels und Aussichtspunkten. Den besten Ausblick hat man vom Grandview Point und vom Moran Point. Der Bright Angel Trail führt nach Indian Gardens und weiter zum Colorado River auf dem Grund der Schlucht. Die Wanderung ist sehr

anstrengend. Von der Bright Angel Lodge zur Phantom Ranch werden auch geführte Maultierritte unternommen, die aber während der Ferienzeit unbedingt reserviert werden sollten. Zur größten Attraktion im Inneren des Grand Canyon gehört das Whitewater Rafting. In Schlauchbooten wird durch die tosenden Stromschnellen des Colorado River gefahren.

Grand Staircase Escalante National Monument

Die paradiesische Felsenlandschaft im südlichen Utah wurde erst im September 1996 zum National Monument erklärt. Zahlreiche Wanderwege führen durch

Freizeitspaß am Lake Powell, Arizona/Utah: entstanden durch die gestauten Wasser des Colorado Rivers.

Monument Valley Navajo Tribal, Arizona/Utah: Momente vor dem Sonnenuntergang.

besonders farbenprächtige Schluchten und zu einzigartigen Felsformationen.

Hovenweep National Monument

Die fünf Cliff Dwellings an der Grenze zwischen Utah und Colorado sind ein exzellentes Beispiel für die imposante Baukunst der prähistorischen Indianer. Die mehrstöckigen Gebäude liegen hier in einer besonders abgelegenen und einsamen Felslandschaft.

Hubbel Trading Post

Im historischen Trading Post, im Jahr 1876 von John Lorenzo Hubbel gegründet, werden heute noch Teppiche und andere Arbeiten der Navajo-Indianer verkauft. Der Händler ermutigte den Stamm, sich mit Kunsthandwerk und Schmuck eine zusätzliche Einnahmequelle zu erschließen.

Mesa Verde National Park

Die Felsenhäuser von Mesa Verde liegen auf einem 2500 Meter hohen Tafelberg im südwestlichen Colorado. Sie erinnern an die Blütezeit der prähistorischen Indianer, die von den Navajos »Anasazi« (»Die Alten«) genannt wurden und zwischen den Jahren 600 und 1400 n. Chr. auf dem Colorado Plateau siedelten. Um das Jahr 1400 n. Chr. verließen sie ihre Dörfer aus ungeklärten Gründen. Die ältesten und am besten erhaltenen Felsenhäuser liegen in Mesa Verde und wurden im Jahr 1906 unter Denkmalschutz gestellt. Das Spruce Tree House, eines der größten Felsenhäuser, hat 106 Zimmer und acht Zeremonienräume, der Cliff Palace verfügt über 200 Räume. Autofahrer können während einer Fahrt über den 12 Meilen langen Ruins Road Drive das Square Tower House im Navajo Canyon, das Sun Point Pueblo, das

von den Eingeborenen abgerissen und an anderer Stelle wieder aufgebaut wurde, und den Sun Temple, ein riesiges Zeremonienhaus, besichtigen.

Monument Valley Navajo Tribal Park

Das legendäre Felsental liegt knappe 50 Kilometer nördlich von Kayenta und gehört zu den spektakulärsten Naturwundern des amerikanischen Südwestens. In dem Tal wurden legendäre Western wie »Spiel mir das Lied vom Tod« gedreht.

Natural Bridges National Monument

Schmale Wanderwege führen zu drei natürlichen Brücken im südöstlichen Utah – der Sipapu Bridge, der Kachina Bridge sowie der hier abgebildeten, mehr als fünfzig Meter langen Owachomo Bridge.

Eine Asphaltstraße führt durch den Park, der um das Jahr 1200 n. Chr. von den Anasazi bewohnt war.

Navajo National Monument

Die Felswohnungen der Anasazi liegen im Navajo-Reservat und wurden im 13. Jahrhundert von den prähistorischen Indianern bewohnt. Ein kuppelförmiger Hogan und ein kleines Museum informieren über die Kultur der Navajo-Indianer.

Petrified Forest National Park

Der versteinerte Wald liegt inmitten der farbenprächtigen Painted Desert im Nordosten von Arizona. Vor rund 200 Millionen Jahren breitete sich hier ein weitläufiges Sumpfgebiet aus, in dem Bäume, Farne und Moose gediehen. Heute fallen in der Painted Desert nur noch ungefähr zwanzig Zentimeter Niederschlag pro Jahr. Beim Austrocknen der Sümpfe wurden die umgestürzten Stämme der riesigen Nadelbäume vom Schlamm begraben und durch einen chemischen Prozess in Quarz verwandelt. Sie behielten ihre leuchtenden Farben und zeigen Abdrücke von prähistorischen Fischen, Muscheln und Schnecken. 1906 wurde das Gebiet unter Naturschutz gestellt. Verantwortungslose Souvenirjäger hatten pfundweise Gestein mitgenommen. Seitdem ist das Mitnehmen auch noch so kleiner

Stücke bei hoher Strafe verboten. Eine Autostraße verbindet die Highways 66 und 180 und führt mitten durch den versteinerten Wald. Der Rainbow Forest mit besonders großen Baumstämmen liegt im südlichen Teil des Parks, nahe beim Jasper Forest findet man die Agate Bridge, einen 30 Meter langen Teil eines Riesenbaumes. Auf dem Newspaper Rock kann man zahlreiche Gemälde prähistorischer Indianer bestaunen.

Rainbow Bridge National Monument

Die höchste natürliche Brücke (92 Meter) der Welt liegt am Lake Powell. Nach einer Indianerlegende soll sich jeder Wunsch, den man im Schatten dieses steinernen Bogens hat, erfüllen. Ausflugsboote fahren von der Wahweap Marina zur Rainbow Bridge.

Red Canyon

Die roten Felsen dieser Schlucht ragen inmitten eines Kiefernwaldes empor und gelten als Paradies für Wanderer. Der Casto Canyon Trail, ein 17-Meilen-Rundkurs, lockt mit spektakulären Ausblicken.

Sunset Crater National Monument

Der erloschene Kegel eines prähistorischen Vulkans, der 1064 zum letzten Mal ausgebrochen ist und 300 Meter aus dem Boden ragt. Der Name geht auf die roten Eisenoxyde zurück, die den Kraterrand wie bei einem Sonnenuntergang leuchten lassen.

Valley of Fire State Park

Die eindrucksvollen Felsformationen an der Grenze zwischen Nevada und Arizona sind ungefähr 150 Millionen Jahre alt.

Valley of the Gods

Vom Highway 163 führt eine siebzehn Meilen lange Schotterstraße durch das Valley of the Gods. Eine anstrengende Fahrt, die ungefähr eine Stunde dauert und mit spektakulären Ausblicken verwöhnt. Wie im größeren Monument Valley ragen auch hier mächtige

Sandstein-Monolithe aus dem trockenen Land.

Walnut Canyon

In den 300 Felsenhäusern, die man in der malerischen Schlucht am Walnut Creek besichtigen kann, lebten zwischen den Jahren 1120 und 1250 die Sinagua-Indianer. Sie betrieben damals bereits Landwirtschaft.

Zion National Park

Der Zion National Park mit seinen hohen Plateaus, tiefen Schluchten und klobigen Tafelbergen liegt im südlichen Utah. Der Virgin River grub sich in das farbenreiche Gestein und formte den langgestreckten Zion Canyon, der seinen biblischen Namen den Mormonen verdankt, die in diesem Gebiet zuerst siedelten. Sie hatten nach fruchtbarem Farmland gesucht und glaubten, den Himmel auf Erden gefunden zu haben. Auch den eindrucksvollen Felsformationen gaben sie biblische Bezeichnungen: East Temple, West Temple, Great White Throne. Seit dem Jahr 1919 ist Zion ein Nationalpark. Am Virgin River, einem Nebenfluss des Colorado, führt ein asphaltierter Scenic Drive durch den Canyon zum dreizehn Kilometer entfernten Temple of Sinawava, von dort führt ein Wanderweg zum Weeping Rock, einem bewachsenen Felsüberhang, und nach Angel's Landing. Die Emerald Pools sind von schattigen Kiefernwäldern und rauschenden Wasserfällen umgeben. Im Nordwesten des Parks windet sich eine Straße durch die einsamen Kolob Canyons.

Reisetipps von A bis Z

Das Colorado Plateau ist zu jeder Jahreszeit eine Reise wert. Die Sommer sind heiß und trocken, die Winter kalt und stürmisch. Nach einem regenreichen Herbst und schneereichen Winter erblühen im Frühjahr die Ebenen in einer verschwenderischen Blumenpracht. Die bunten Farben des Herbstes, die im Norden des Plateaus einen Hauch des »Indian Summers« vermitteln, sind ein lohnendes Ziel. Nicht immer verwöhnt der Winter mit Schnee. Doch wenn man das Glück hat, die Canyons im Schnee zu erleben, wird es wohl die nachhaltigste Erinnerung an diese Landschaft sein.

Anreise

Flugzeug: Optimaler Ausgangspunkt für eine Rundreise durch die Canyons ist Las Vegas. Per Flugzeug mit der Condor ab Frankfurt in elf Stunden erreichbar, mit United Airlines über Chicago in ca. 14 Stunden.

Flugzeug-Kurztrips: Von Las Vegas aus bietet sich ein Ausflug per Flugzeug oder Helicopter zum Grand Canyon oder Bryce Canyon an. In jedem Casino und am Airport findet man die Angebote, ebenso in kostenlosen Showguides.

Leihwagen: Am McCarren Airport in Las Vegas sind die Shuttlebusse aller großen und kleinen Leihwagenfirmen laufend unterwegs, um die Reisenden von der Ankunftshalle zur Station zu bringen. In Las Vegas ist ein Leihwagen etwas preiswerter als anderswo in den Staaten, da Nevada die niedrigsten Steuern hat. Oft ist es vorteilhaft den Wagen von Deutschland aus zu reservieren oder über Internet direkt eine Reservierung zu tätigen. Für die Sommermonate und bestimmte Zeiten im Jahr, wenn in Las Vegas große Messen stattfinden, ist dies unabdingbar.

Tourbus: Wer Flugangst hat, kann einen mehrtägigen Ausflug mit dem Tourbus buchen, auch hier gibt es viele verschiedene Zielorte in Utah und Arizona.

Fotografieren

Im Sommer herrscht besonders zur Mittagszeit in der Regel gleißendes Licht auf dem Plateau. Ein Polfilter ist gnädiger Helfer, um Farben zu intensivieren. Harte Schatten und helle Kontraste machen den Fotografen oft zu schaffen. Grauverlauffilter helfen. Um Strukturen und Feinheiten der Landschaft, Tiere und Pflanzen scharf im Bild einfangen zu können, bietet sich bei den Lichtverhältnissen ein feinkörniger Film an – 50 bis maximal 100 ASA. Für die dunklen Canyons, etwa den Antelope Canyon, ist ein Stativ nötig. Ebenso für die Aufnahmen bei Sonnenaufgang und Sonnenuntergang.

Die meisten Tiere des Plateaus sind scheu und meiden die Nähe des Menschen. Ein Teleobjektiv von mindestens 300 mm ist vonnöten. Für Pflanzen und Steinstrukturen sollte ein Makroobjektiv nicht fehlen. Und wer die unendlichen Weiten der Canyons richtig ins Bild setzen möchte, sollte auf eine Panoramakamera oder das Panoramaformat an der Kamera nicht verzichten.

Internet

www.nps.gov – Alle Nationalparks, National Monuments, National Historic Sites und alle vom U.S. Department of the Interior verwalteten Stätten sind dort abfragbar.

Literatur

Wer viel detaillierte Informationen haben will, ist mit den Baxter Reiseführern bestens bedient. Sie gibt es aufgeteilt nach Staaten oder Nationalparks. Wer gerne noch schöne Fotos dazu haben möchte, greift auf die Serien der APA Guides zurück. Schon Routen für verschiedene Zeiträume ausgearbeitet bietet mit vielen Infos und Geschichten die Serie der Vistapoint Reiseführer in ausführlicher oder als Pocket Ausgabe. Wer den Schwerpunkt auf die Natur legt, ist gut beraten mit dem BLV Reiseführer Natur Südwesten der USA und den Geo Guide USA Nationalparks.
Vorort gibt es im Visitor Center jedes Nationalparks eine Buchserie zu jedem Park mit dem Titel »The Story behind the Scenery«, viele bereits mit deutscher Übersetzung. Informationen in Form von Karten und Faltblättern erhält man ebenfalls im Visitor Center oder bei der Einfahrt in den Park vom Ranger, der den Eintritt kassiert.

Ein Tipp: Wer bei einer Rundreise mehr als vier Nationalparks besucht, für den lohnt sich der Golden Eagle Pass, für ca. 50 $ kann man ein Jahr lang alle Nationalparks und National Monuments damit besuchen, der Pass zählt dann für die Person, die darauf ausgewiesen ist und alle im PKW mitreisenden Personen.
Landkarten der einzelnen Staaten von Amerika erhält man kostenlos bei Vorlage des ADAC Ausweises in jedem Shop des AAA. Auch Informationen zu Motels, Camping, Sehenswürdigkeiten werden dort kostenlos abgegeben.

Unterkunft

Wenn man nicht gerade zur Hochsaison unterwegs ist, findet man an jedem Ort mindestens ein *Motel*, das ein Zimmer frei hat. Im Winter ist es besonders angenehm, wenn man den Wagen direkt vor der Zimmertür parken kann. Die Ausstattung der Räume ist meist großzügig, Kühlschrank, Fernseher, Telefon oft auch eine Mikrowelle. Swimmingpool, Whirlpool, Kraftraum, Restaurant gehören nicht selten zum Motelbereich. *Hotels* und *Lodges* besonders innerhalb der Nationalparks sind besser vorzubuchen, wenn man unbedingt die historischen Häuser zum Domizil auserkoren hat. Im Internet unter www.nps.gov kann man zu jedem Nationalpark und Nationalmonument die Unterbringungsmöglichkeiten erfragen und auch buchen.

Sportmöglichkeiten

Die Canyonlands im südlichen Utah gehören zu den aufregendsten Landschaften der Erde. Das Gebiet, das in der ersten Hälfte des 20. Jahrhunderts nur Indianern und geübten Reitern zugänglich war, wurde im Jahr 1964 zum Nationalpark erklärt und gilt seitdem als Paradies für unternehmungslustige Wanderer. Zahlreiche Trails führen in die tiefen Schluchten und versteckten Täler und erschließen eine märchenhafte Welt aus buntem Stein. Wie ein grünes Band zieht sich der Green River durch die Felsengebilde. Nur auf einer mehrtägigen Wanderung lernt man die ganze Schönheit dieses Parks kennen, nur im Hinterland entfaltet das Paradies seine volle Pracht. Autofahrer müssen sich mit zwei Stichstraßen zum Grandview Point Overlook und zum Needles Visitor Center begnügen. Für Wanderer reserviert bleibt der Maze District im abgelegenen Hinterland des Parks.

IMPRESSUM

Konzeption (verantwortlich), Lektorat, Bildredaktion und Gestaltung:
Robert Fischer

Alle Abbildungen und Bildlegenden: Mara Fuhrmann

Alle Texte: Thomas Jeier (»Im Reich des Kojoten«, »Indian Country«, »Nationalparks von A bis Z«) und Mara Fuhrmann

Alle Angaben dieses Werkes wurden von den Autoren sorgfältig recherchiert und auf den aktuellen Stand gebracht sowie im Verlag auf Stimmigkeit geprüft. Für die Richtigkeit der Angaben kann jedoch keine Haftung übernommen werden. Für Hinweise und Anregungen sind wir jederzeit dankbar. Bitte richten Sie diese an den Bruckmann Verlag, Postfach 80 02 40, 81602 München.

Gesamtverzeichnis gratis:
Bruckmann Verlag,
81664 München
Internet: www.bruckmann.de

Gedruckt auf chlorfrei gebleichtem Papier.

Deutsche Bibliothek – CIP-Einheitsaufnahme
Ein Titeldatensatz für diese Publikation ist bei DER DEUTSCHEN BIBLIOTHEK erhältlich.

Printed in Hungary
by Realsystem
ISBN 3-7654-3774-3